D1696676

Der kleine Junge in der Krippe

*Die französische Orginalausgabe erschien
unter dem Titel NOËL RACONTÉ AUX PETITS
bei ©2000 Bayard Jeunesse*

Deutsch von Martina Merckel-Braun

*©2003 Oncken Verlag Wuppertal und Kassel
Druck: Proost, Belgien
ISBN 3-7893-9132-8
Bestell-Nr. 629 132*

Matthieu de Laubier (Text) • Carme Solé Vendrell (Illustrationen)

Der kleine Junge in der Krippe

ONCKEN

Diese Geschichte begann vor über zweitausend Jahren.

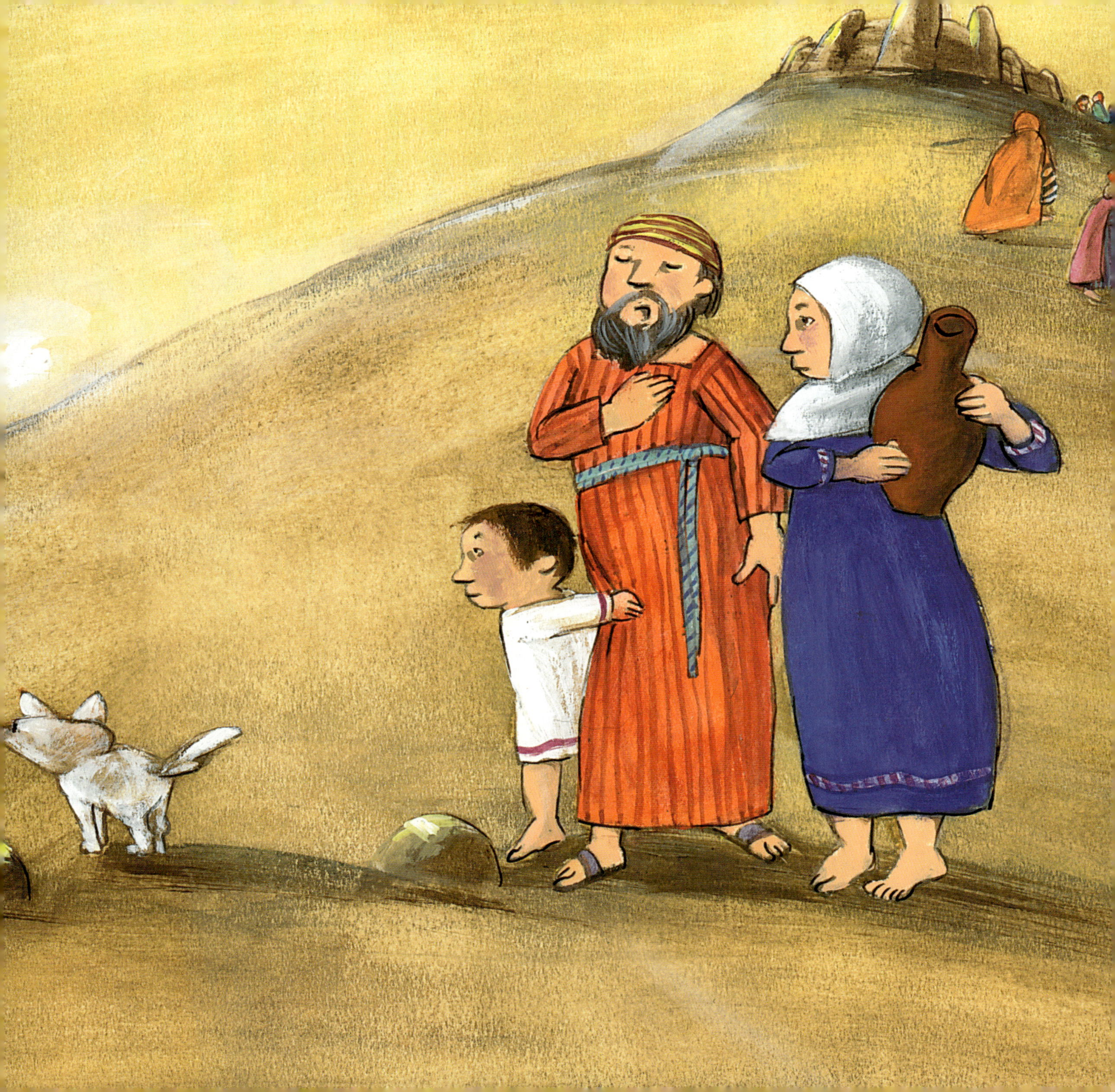

Damals sagten die Menschen in Israel: „Eines Tages wird Gott uns einen König schicken, der uns aus all unserer Not befreit."
Das ganze Land wartete auf seinen Retter.
Man nannte ihn den Messias. Das bedeutet: der, den Gott schickt.

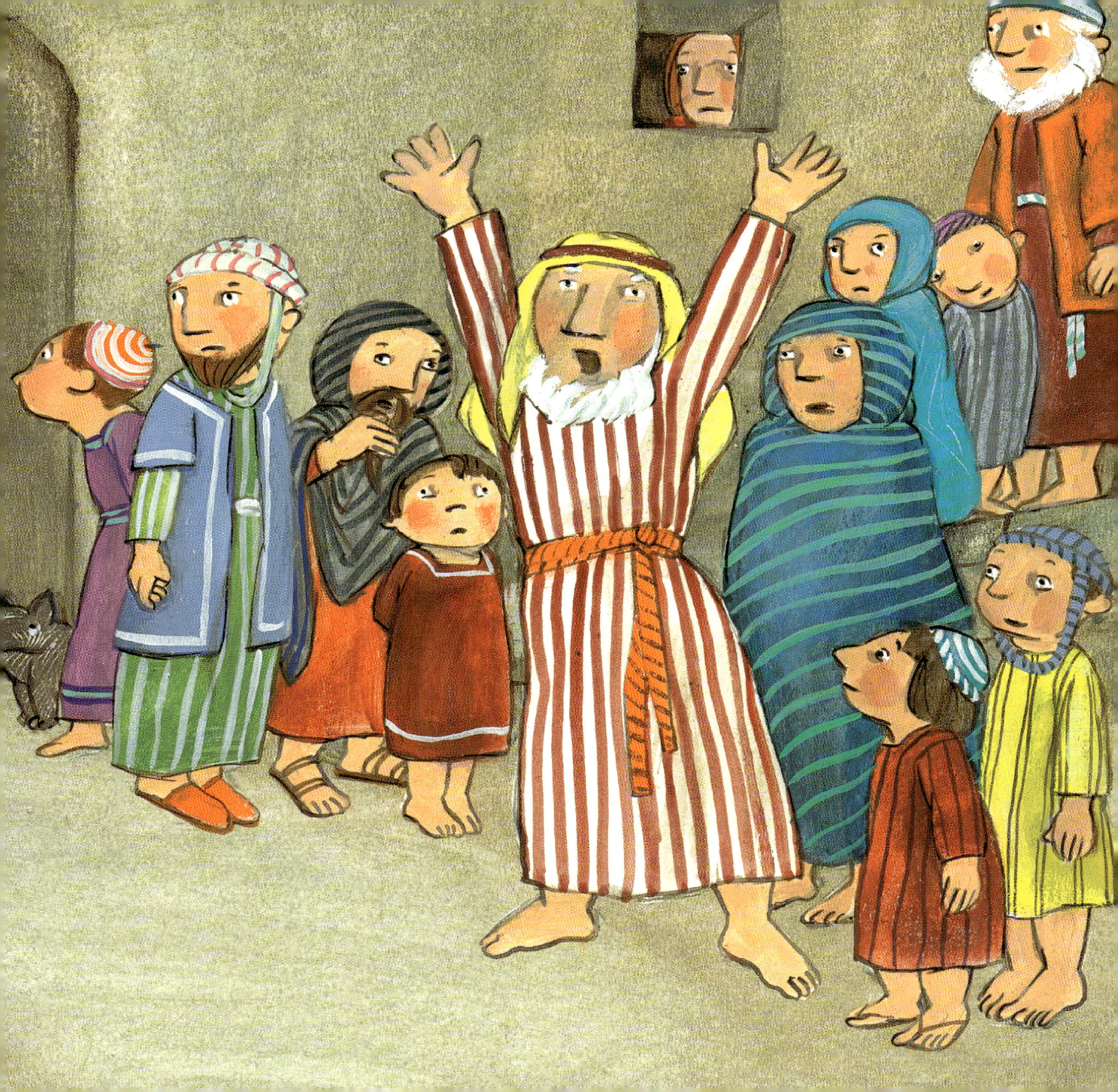

In Israel gab es ein kleines Dorf mit Namen Nazareth. Dort wohnte ein junges Mädchen.
Sie hieß Maria.

Sie war mit Josef, dem Zimmermann, verlobt.

Das war ein guter Mann. Wie alle anderen warteten auch Maria und Josef auf den Messias.

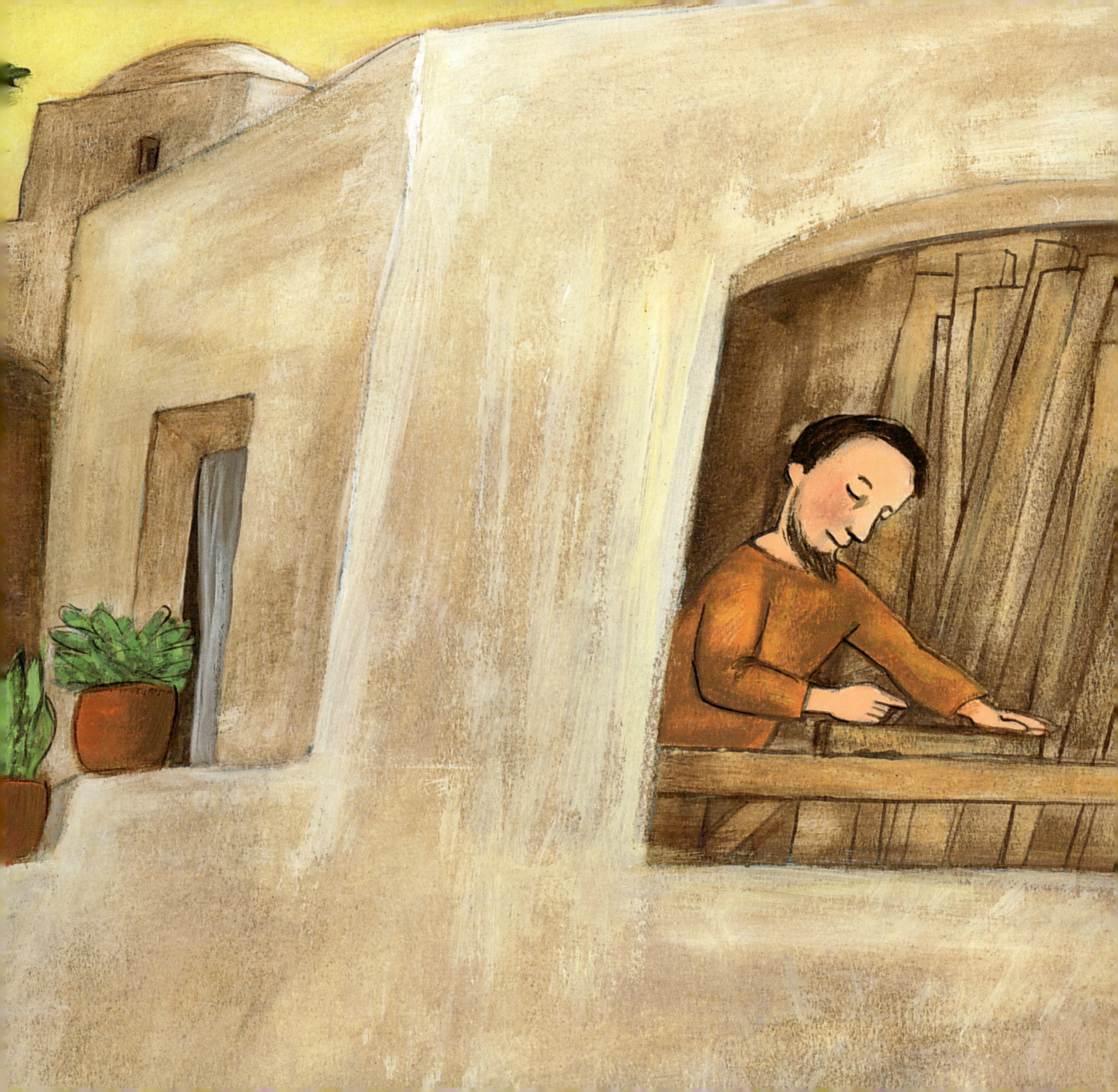

*E*ines Morgens, als Maria gerade dabei war, die Wohung zu kehren, hörte sie eine Stimme.

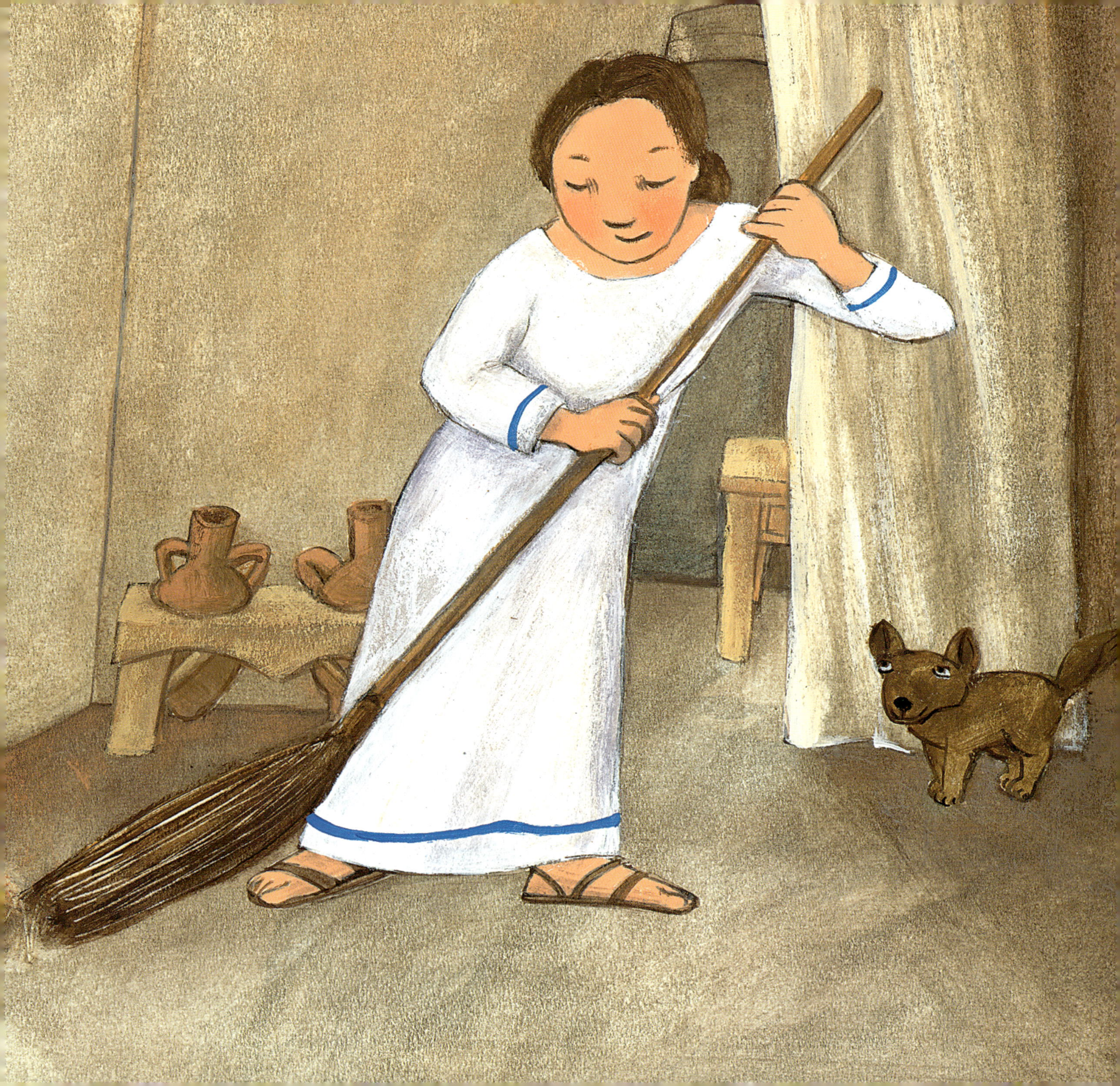

Was war das?
Ein Engel!
Leise, ganz leise
sagte die Stimme:
„Freu dich, Maria.
Gott hat dich erwählt.
Du sollst die Mutter
seines Sohnes sein.
Das Kind, das du erwartest, wird für immer
König sein.
Es ist der Retter."

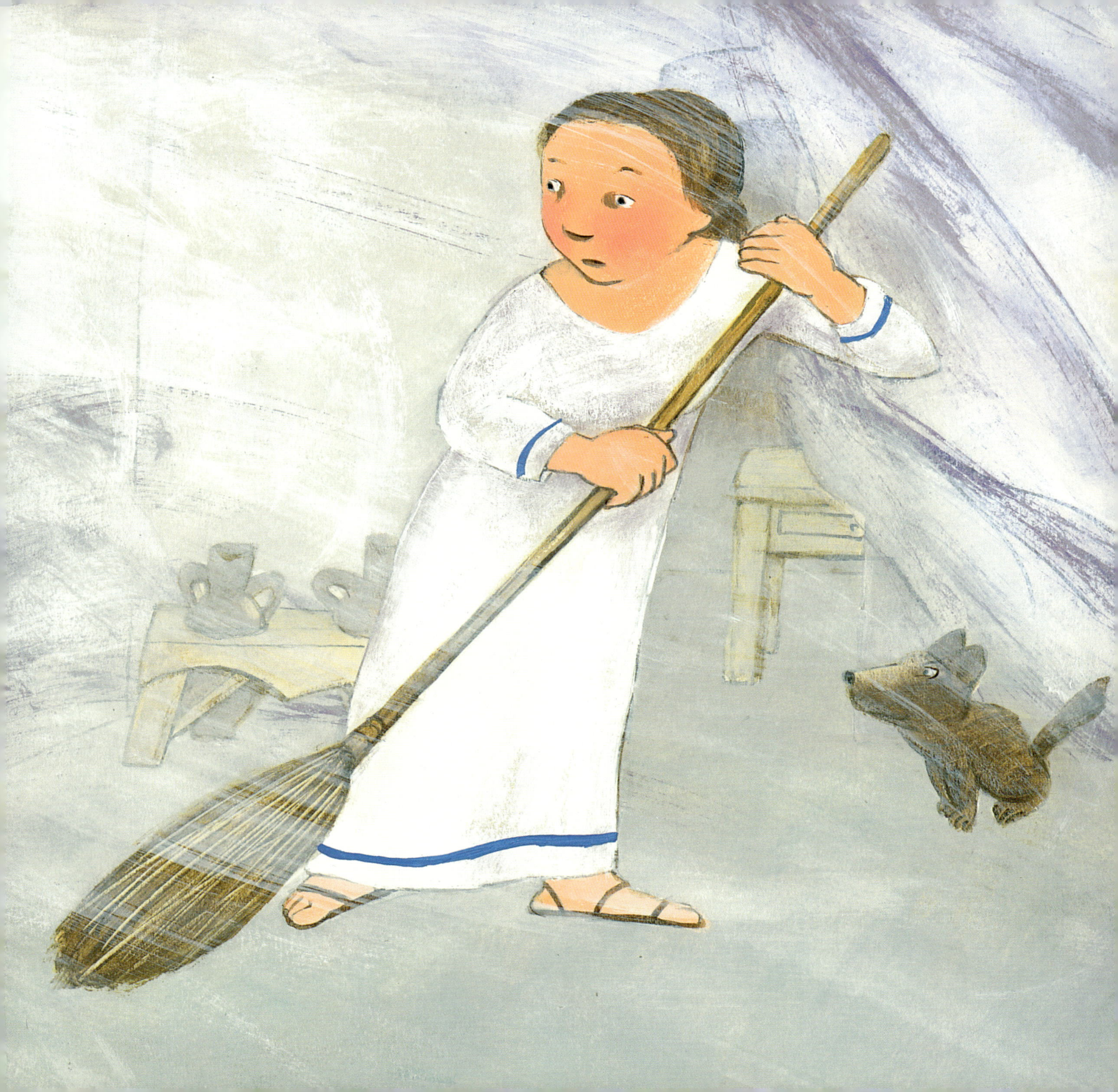

Da freute Maria sich, und von diesem Morgen an sang sie, wenn sie zum Brunnen ging und wenn sie am Webstuhl saß, ein altes, schönes Lied:
„Mein Herz preist den Herrn, alles in mir jubelt vor Freude über Gott, meinen Retter!"

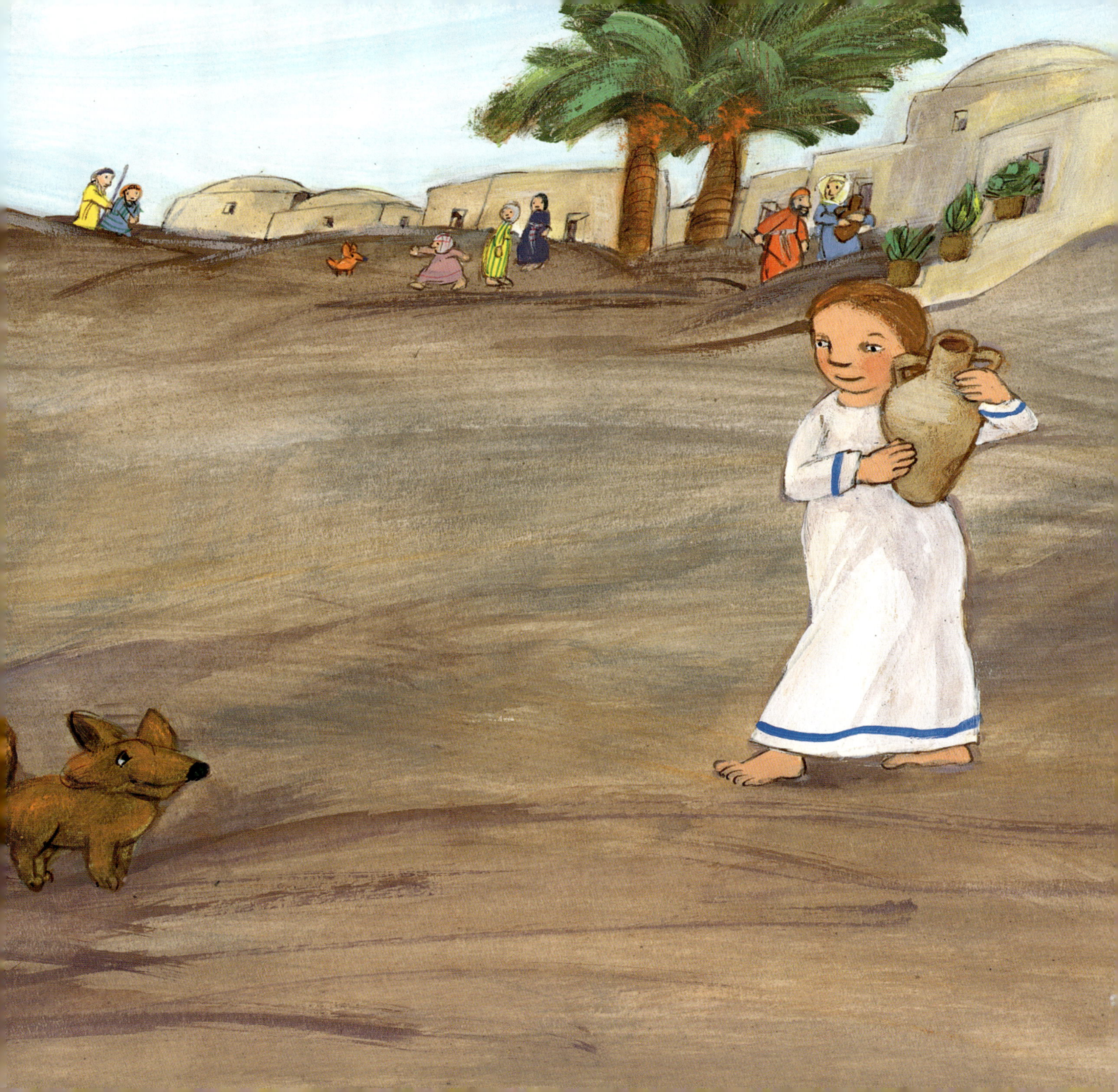

"Gott hat Großes an mir getan,
er, der mächtig und heilig ist.
Ich bin nur seine geringste Dienerin,
und doch hat er sich mir zugewandt.

Sein Erbarmen hört niemals auf;
er schenkt es allen, die ihn ehren.
Jetzt stürzt er die Mächtigen vom Thron
und richtet die Unterdrückten auf.

Den Hungernden gibt er reichlich zu essen
und schickt die Reichen mit leeren Händen fort.
Gott kommt seinem Volk Israel zu Hilfe.
Er will alle Menschen retten."

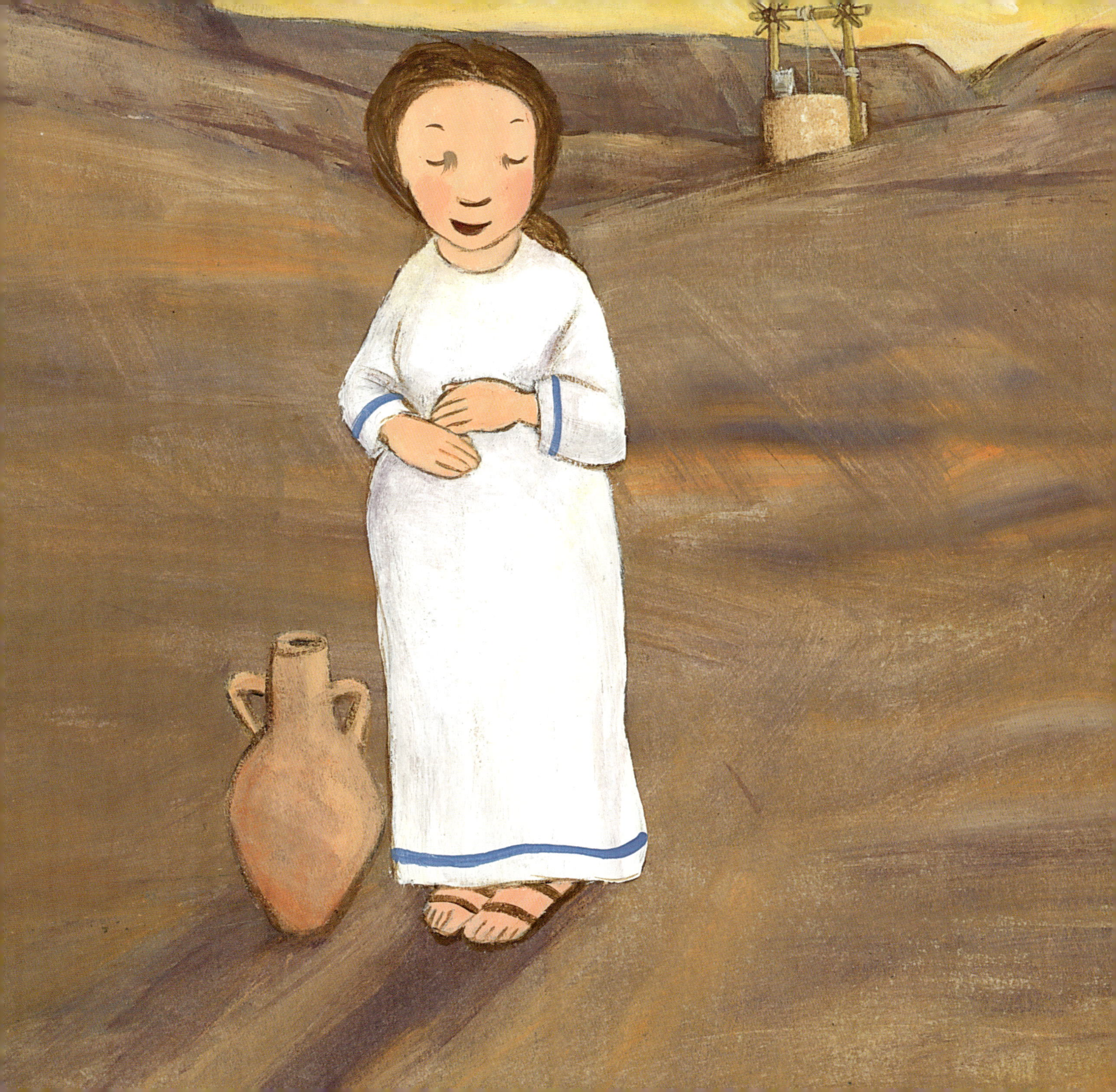

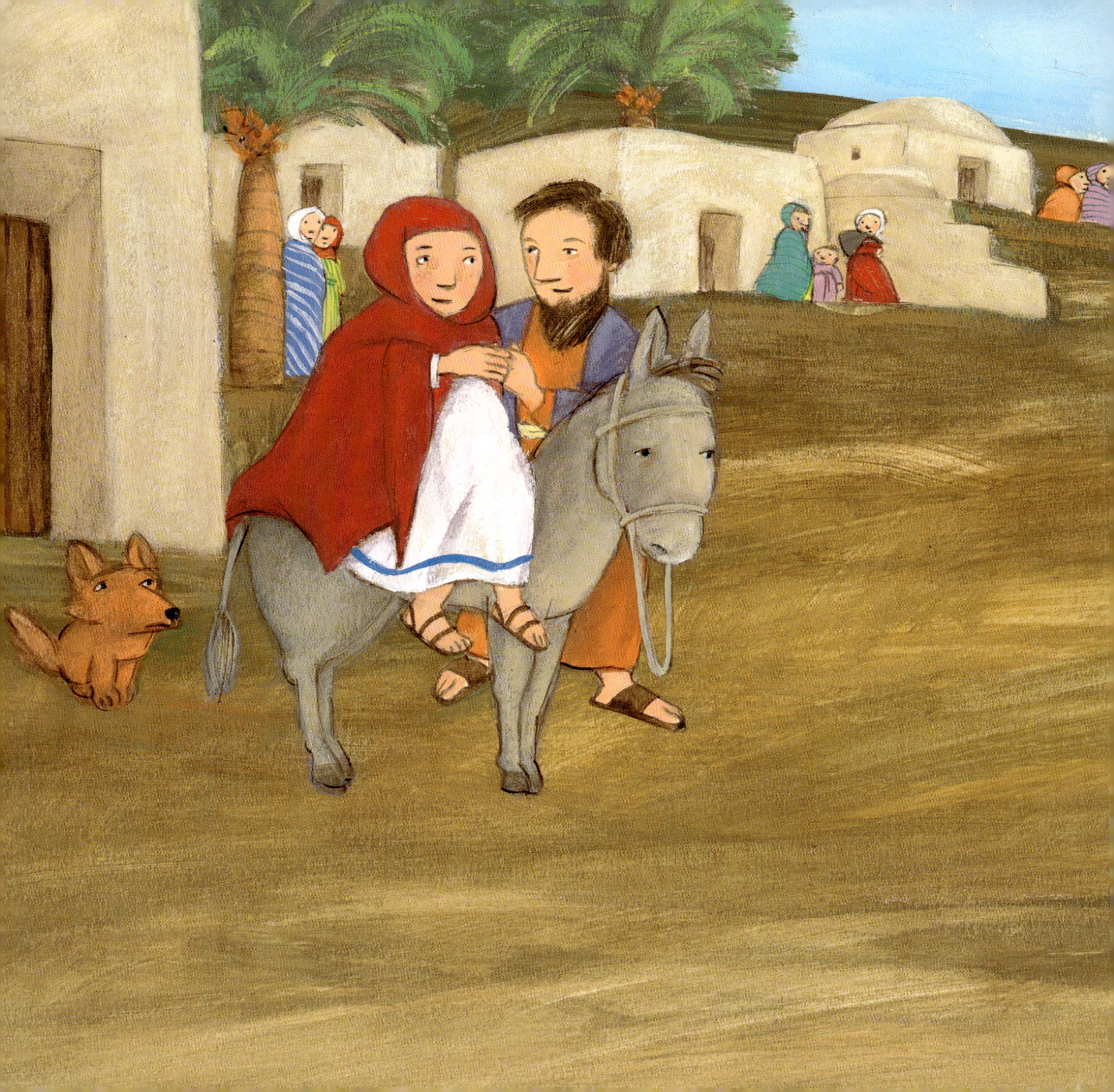

Eines Tages beschloss der Kaiser, der über dieses Land herrschte, alle seine Einwohner zu zählen. Jeder musste in die Stadt gehen, in der er geboren war, und seinen Namen in eine Liste schreiben lassen.
Josef machte sich auf den Weg nach Bethlehem, denn das war die Stadt, aus der er kam.
Und Maria, seine Verlobte, nahm er mit.

Die Reise war weit, sehr weit und sehr anstrengend.
Maria spürte, dass ihr Baby bald zur Welt kommen würde.

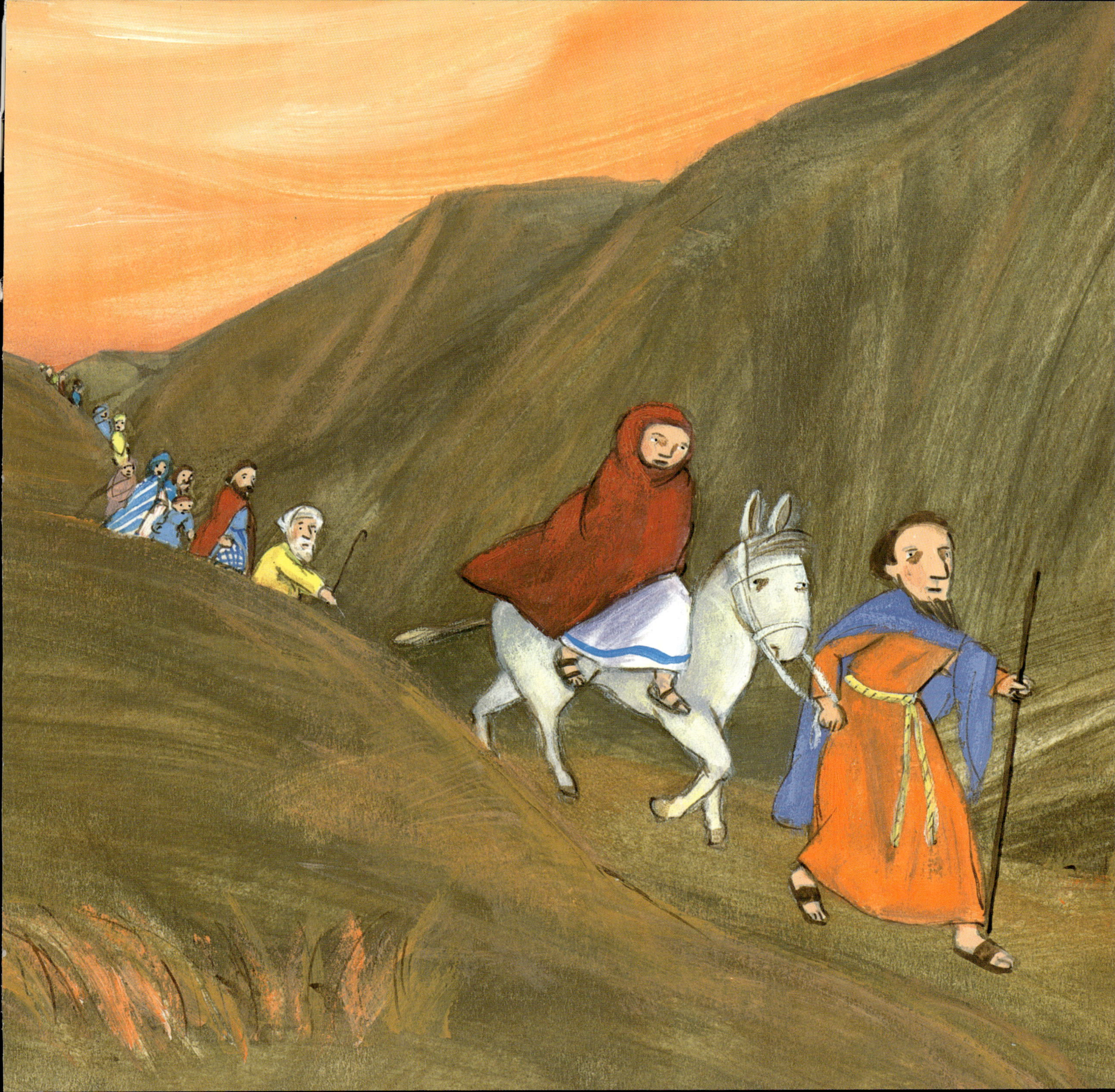

Aber in Bethlehem fanden sie keinen Platz, wo sie übernachten konnten.

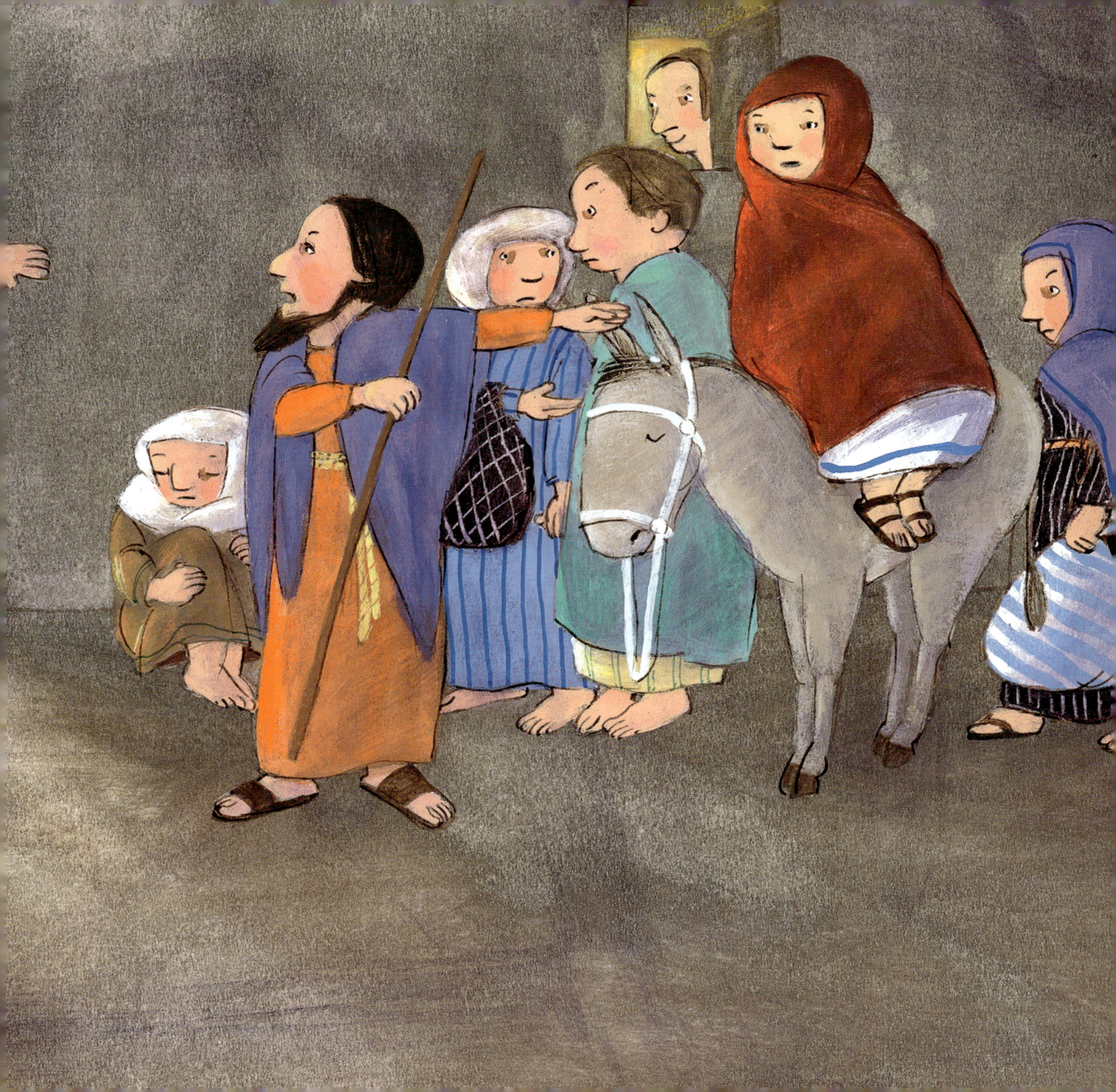

Also suchten Maria und Josef Unterschlupf in einem Stall.
Josef machte für seine Frau ein Bett aus Stroh zurecht.

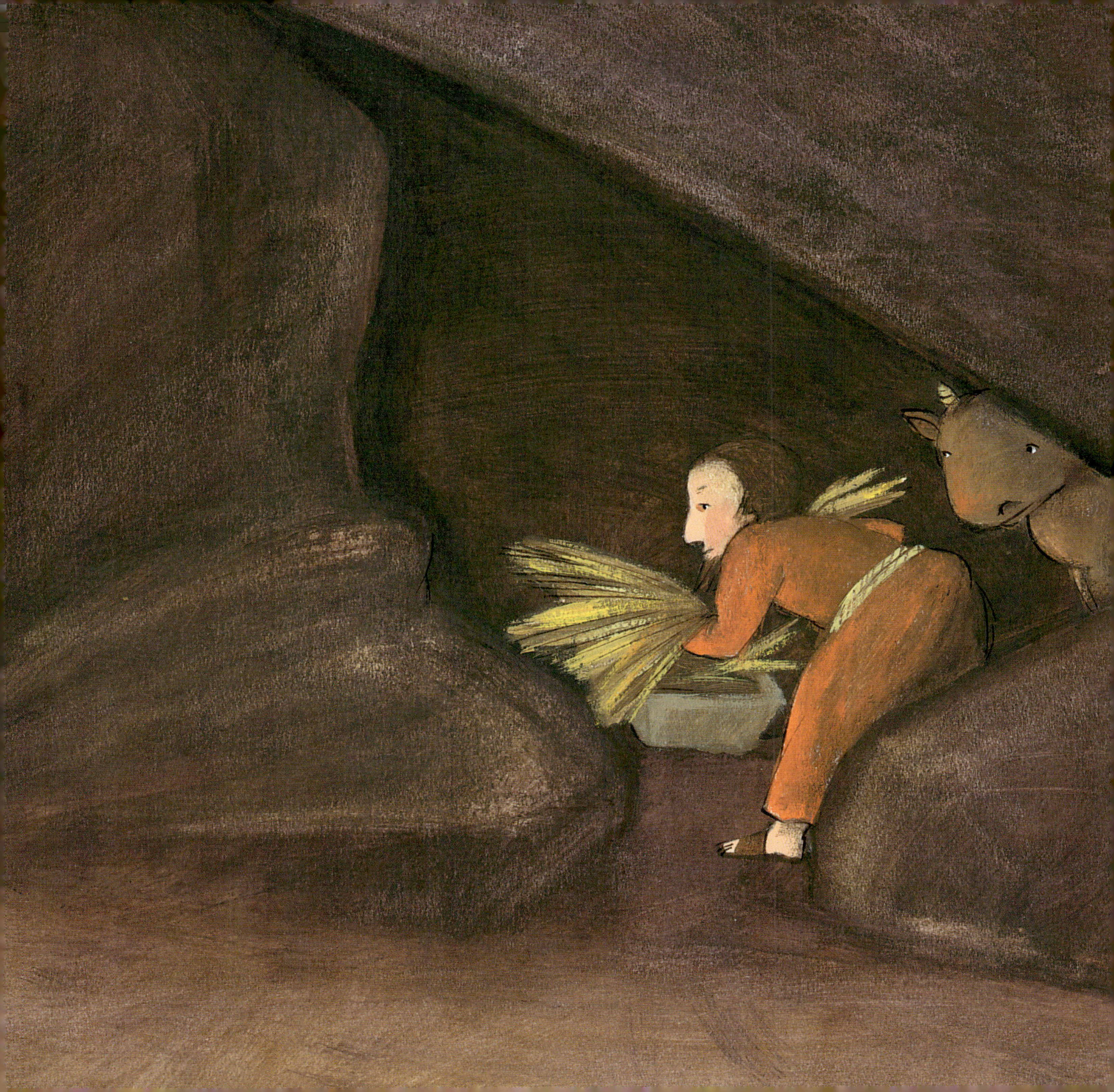

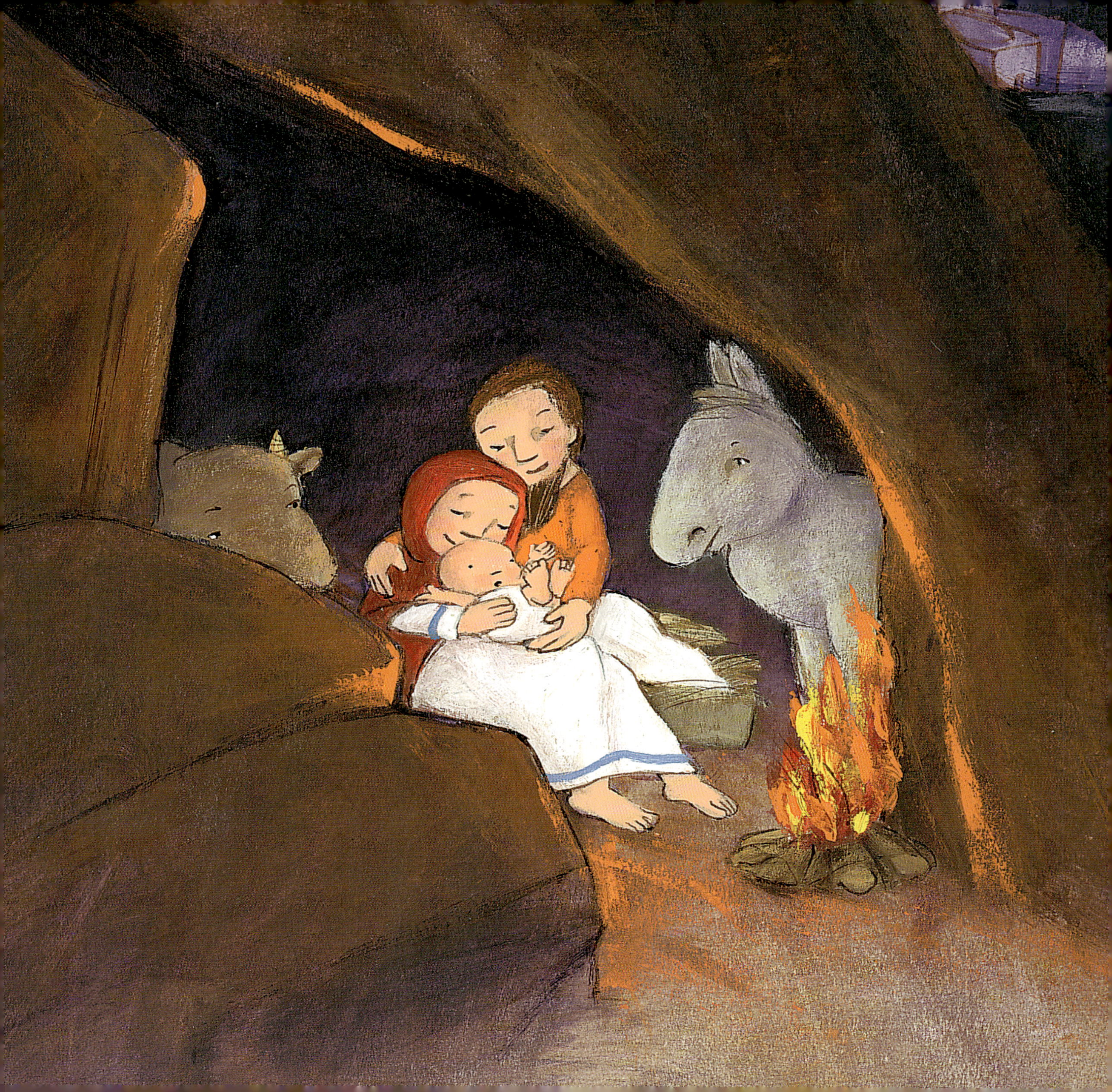

Es wurde Nacht.
Am Himmel blinkten die Sterne. Plötzlich durchdrang ein Schrei die Stille.
Der Schrei eines Babys. Maria hatte ihr Kind zur Welt gebracht.

Überall in der Umgebung
von Bethlehem schliefen
Hirten auf den Feldern.
Das waren arme Menschen.
Als sie so dalagen und
schliefen, erschien ihnen
auf einmal ein Engel.

Der Engel hüllte die Hirten
in sein Licht ein.
Er sagte zu ihnen:
„Freut euch, denn heute
ist der Messias geboren
worden.
Er ist gekommen, um alle
Menschen zu retten."

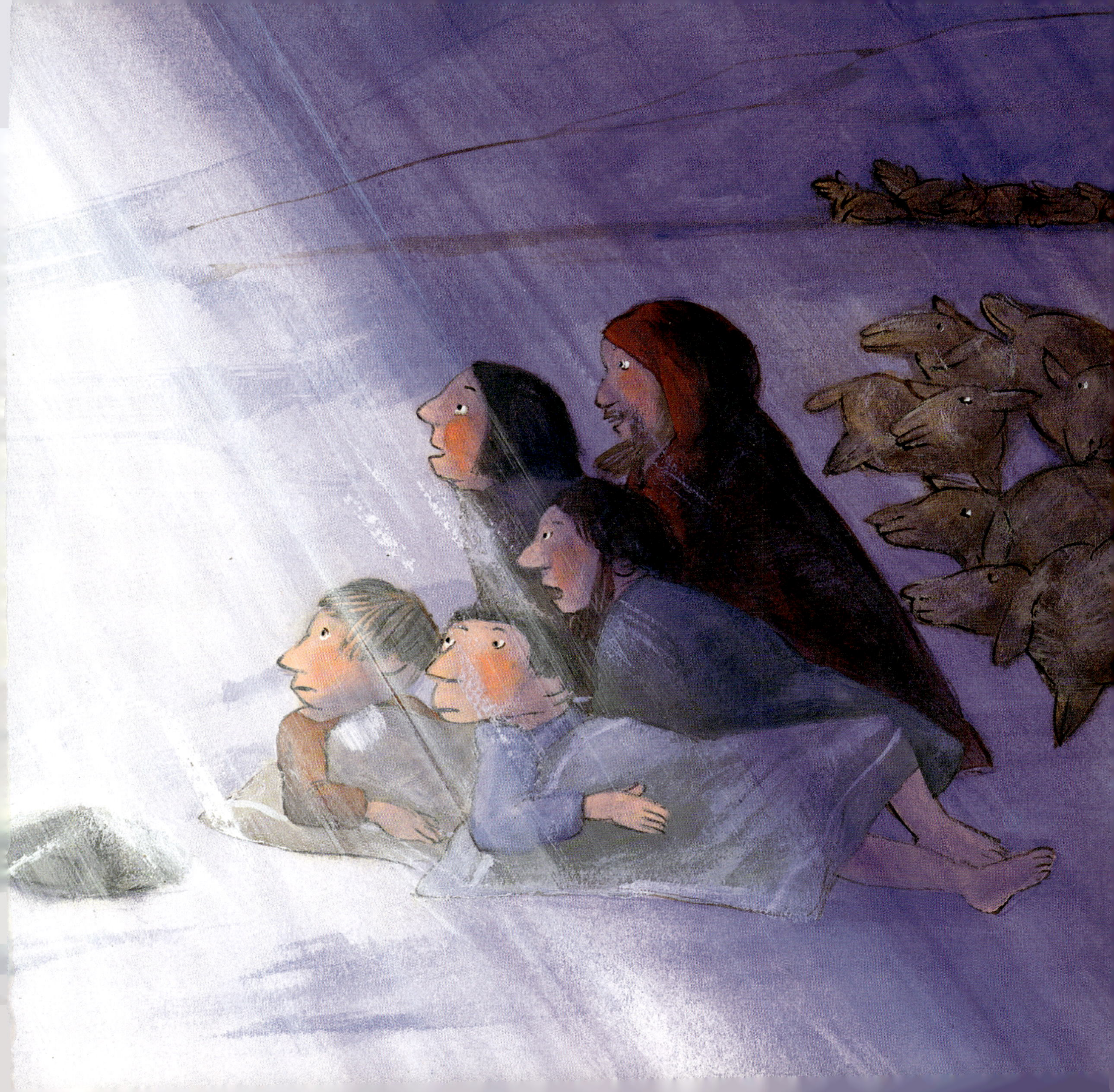

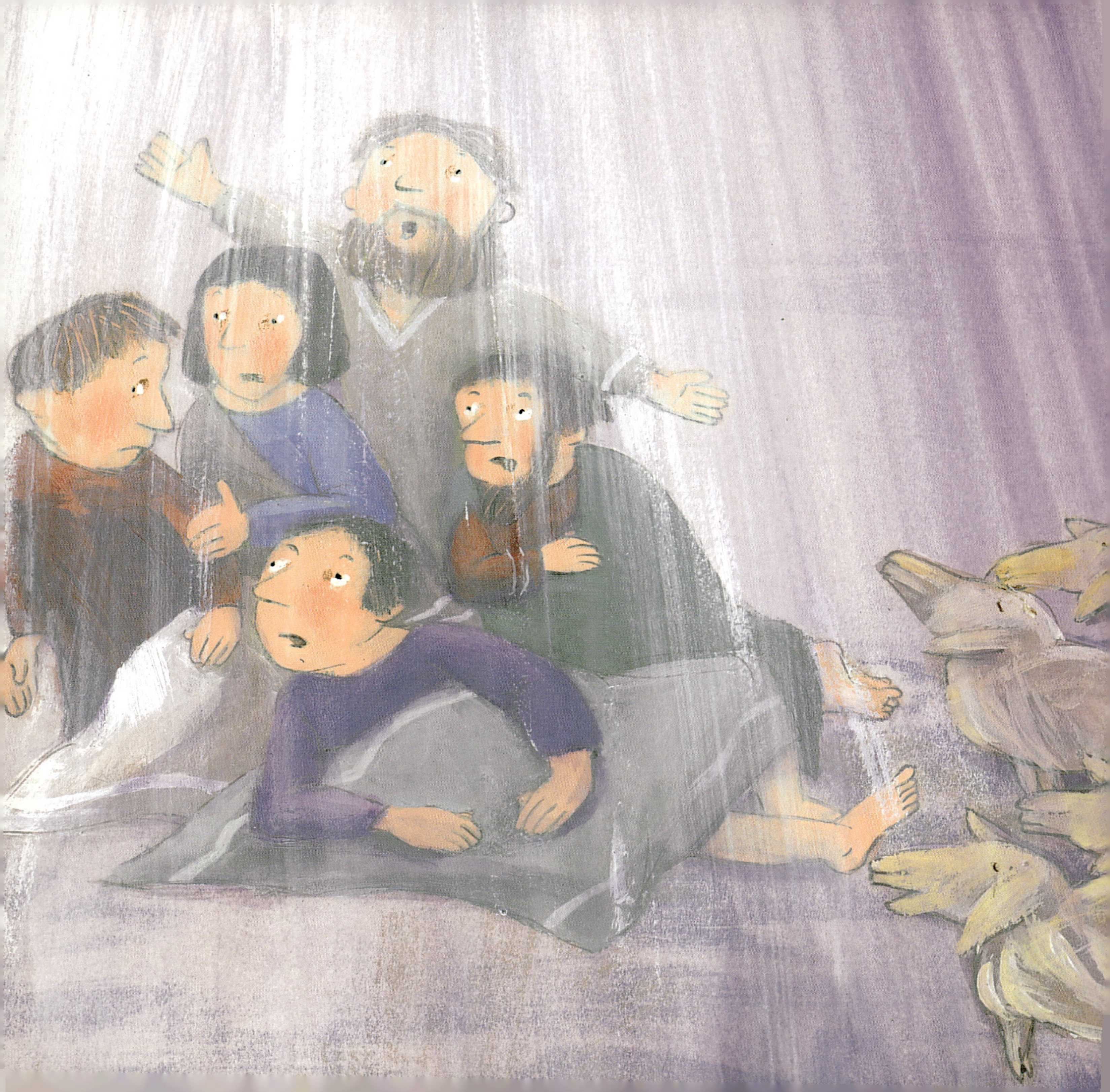

Plötzlich war der ganze
Himmel voller Stimmen,
die sangen:
„Ehre sei Gott in der Höhe!"

Da liefen die Hirten zur Stadt.

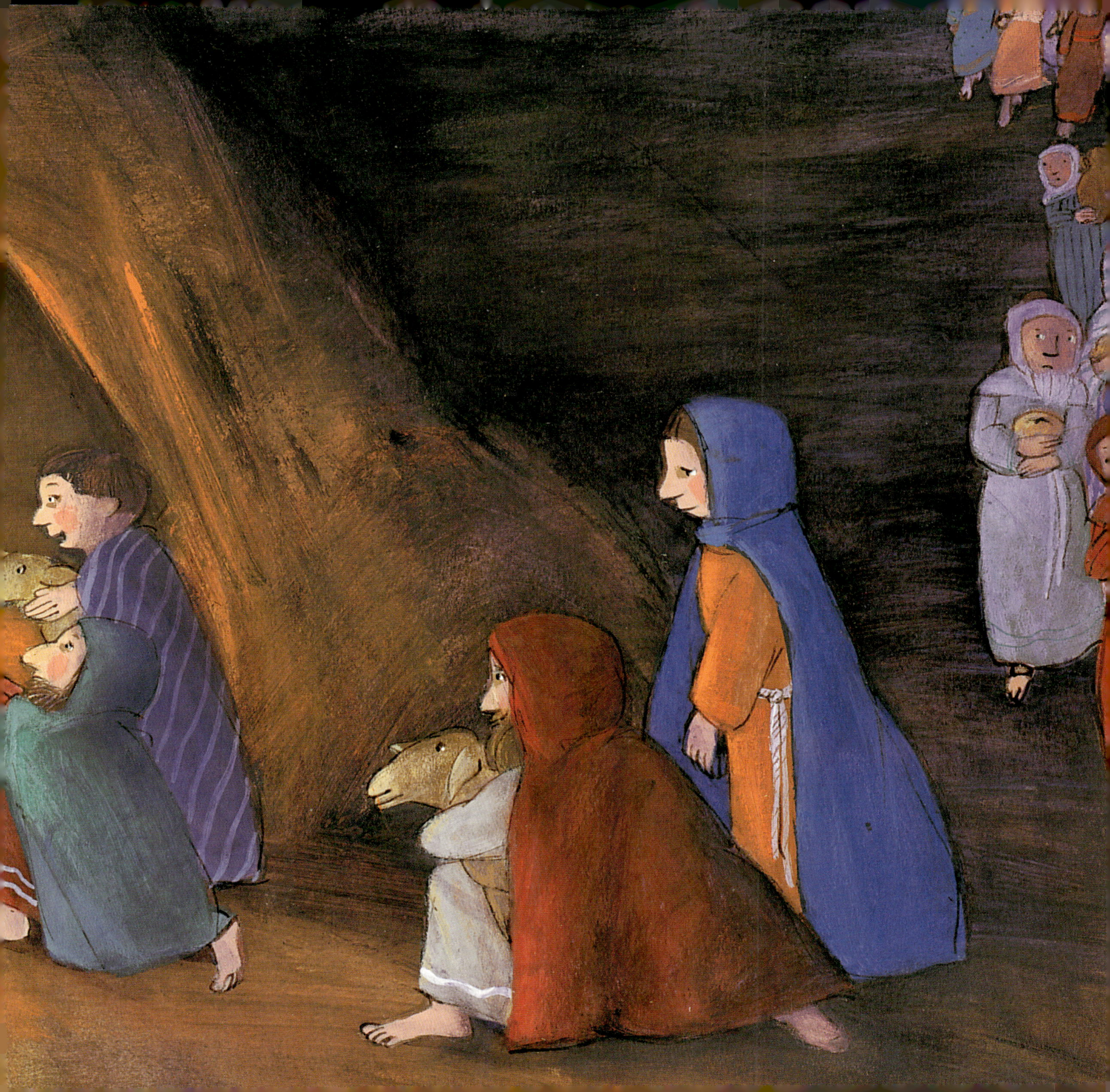

Und dort sahen sie einen kleinen Jungen in einer Futterkrippe liegen.
Ganz still lag er da und lächelte im Schlaf.

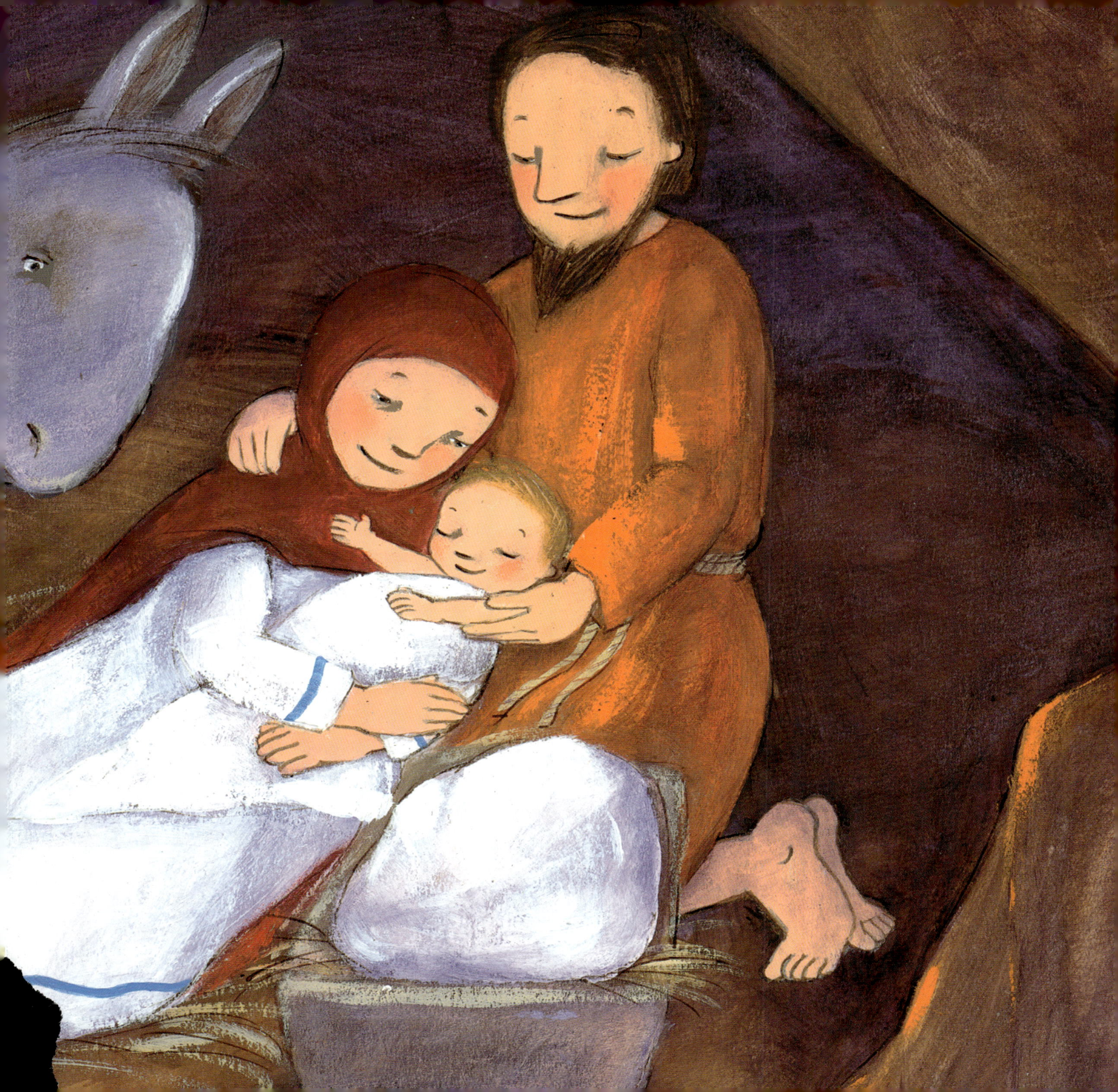

Bald darauf kamen weise Männer das Kind besuchen.
Es waren reiche, mächtige Männer und sie kamen von weit, weit her.
Sie brachten wunderbare Geschenke mit:
Gold, wohlriechendes Parfüm und Räucherharz.

Alle miteinander standen sie nun um die Krippe herum.

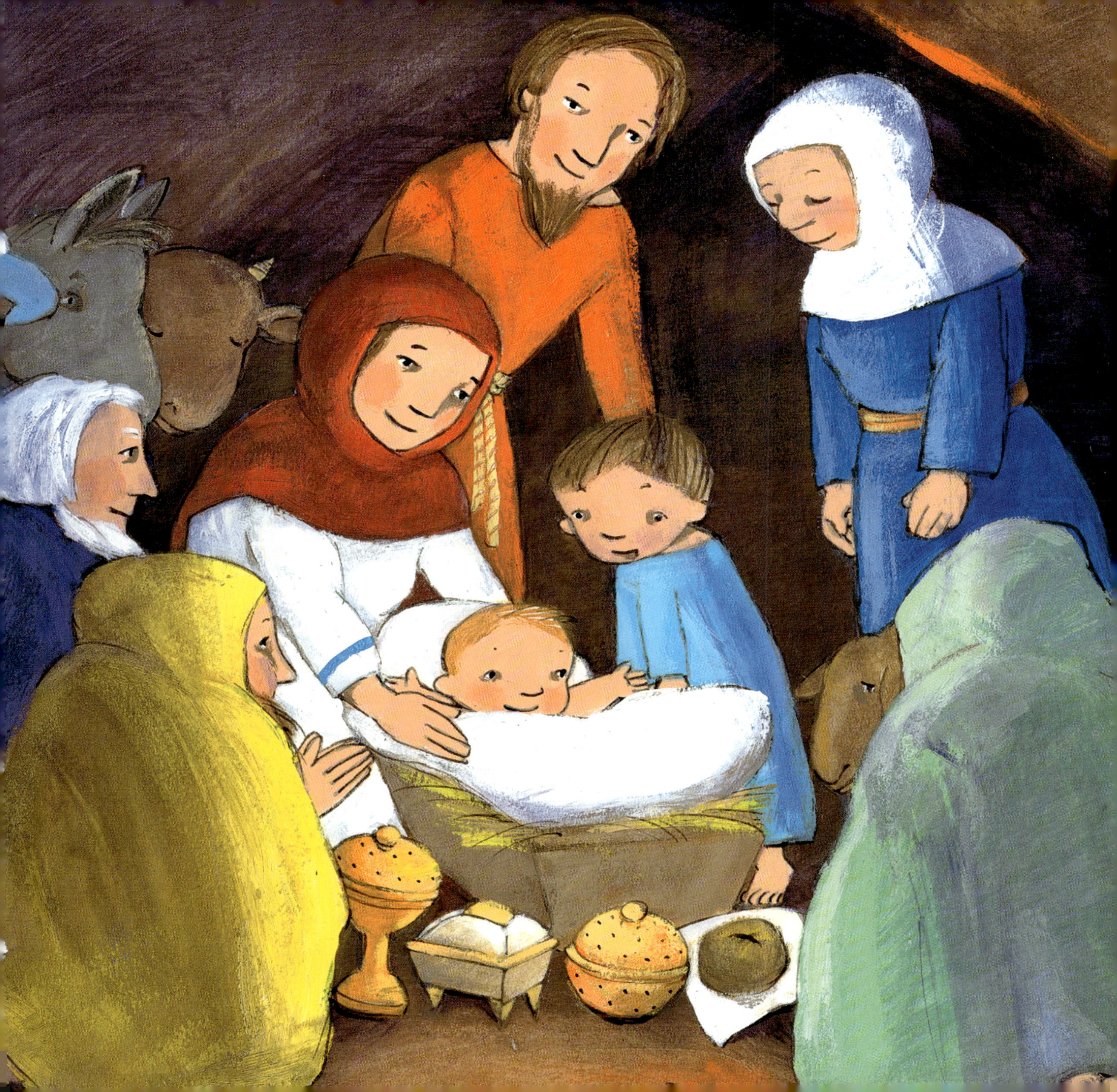

Auf einmal, wie alle da so standen, fragte ein Kind:
„Wie heißt denn das Baby überhaupt?"

Da lächelte Maria dem Kind zu und sagte:
„Es heißt Jesus."

Martina Merckel-Braun/Judith Arndt (Illustr.)

Das Advents-Geschichtenzimmer

Ein Adventskalender zum Vorlesen und Mitmachen

Daniels Familie ist umgezogen, und seitdem ist nichts mehr, wie es war. In der Schule gibt's Probleme, ihm fehlen seine alten Freunde, und nun soll er auch noch sein Kaninchen Pepper hergeben. Gut, dass es Tante Dorothee und ihr Geschichtenzimmer gibt! Ihre Wohnung wird zu Daniels Zufluchtsort. Bei Kerzenschein und Adventsgebäck erzählt sie ihm jeden Tag eine spannende Geschichte - mal aufregend, mal tiefsinnig und manchmal auch einfach nur lustig. Klar, dass es Daniel bald besser geht! Und dann ist da auch noch Caroline, die „Neue" in der Klasse, die von allen nur schief angeguckt wird. Daniel nimmt allen Mut zusammen und geht sie besuchen ...
Diesem originellen, liebevoll illustrierten Adventskalender liegen zwei Bogen Bastelmaterial bei, aus denen ein unterhaltsames Kartenspiel gestaltet werden kann.

Ein unterhaltsamer Adventskalender für Kinder ab 6 Jahren.

52 Seiten, geheftet, mit Bastelbogen, 29,6 x 21 cm

Best.-Nr. 629.133

Weitere Adventskalender zum Vorlesen und Mitmachen:

Wir reisen hin zum ... Best.-Nr. 627.929	Der Weihnachtswunsch Best.-Nr. 627.986
Was ist los in Betlehem Best.-Nr. 627.996	Nina und der Wunschzettel Best.-Nr. 629.121